This Journal
Belongs to

____

____

DATE _______________________

DATE ________________________________

DATE ___________________________

DATE ________________________________

DATE ________________________________

DATE _______________________________

DATE ___________________________

DATE ________________________________

DATE ___________________________

DATE _______________________________

DATE ___________________________________

DATE _______________________________

DATE ___________________________________

DATE

DATE _______________________________

DATE

DATE

DATE ________________________

DATE ___________________________

DATE

DATE _______________________________

DATE _______________________________

DATE ______________________________

DATE ___________________________

DATE _______________________________

DATE

DATE ___________________________________

DATE

DATE

DATE _______________________________

DATE _______________________________

DATE ___________________________

DATE

DATE _______________________

DATE ___________________________________

DATE _______________________

DATE _______________________________

DATE

DATE ________________________________

DATE _______________________________

DATE

DATE

DATE ___________________________________

DATE _______________________________

DATE ________________________________

DATE _______________________________

DATE

DATE _______________________

DATE

DATE

DATE ______________________________

DATE

DATE _______________________

DATE ___________________________

DATE _______________________________

DATE ___________________________

DATE _______________________________

DATE

DATE _______________________________

DATE _______________________

DATE

DATE ________________________________

DATE ________________________________

DATE ___________________________

DATE _______________________________

DATE

DATE

DATE

DATE ___________________________

DATE ___________________________

DATE _______________________________

DATE ________________________________

DATE ______________________________

DATE ___________________________

DATE ___________________________

DATE _______________________________

DATE ________________________________

DATE

DATE ______________________________

DATE _______________________________

DATE

DATE ___________________________

DATE ______________________________

DATE ______________________________

DATE ___________________________________

DATE

DATE ______________________________

DATE ___________________________

DATE _______________________________

DATE ___________________________

DATE ___________________________________

DATE ___________________________________

DATE ___________________________

DATE _______________________

DATE

DATE ________________________________

DATE

DATE _______________________________

DATE _______________________________

DATE _______________________________

DATE ________________________________

DATE _______________________________

DATE ___________________________

DATE ________________________________

DATE ______________________________

DATE ________________________________

DATE ______________________________

DATE ___________________________

DATE ___________________________

DATE

DATE

www.ingramcontent.com/pod-product-compliance
Lightning Source LLC
Chambersburg PA
CBHW052015150726
47999CB00004B/1665